AF348104

ABOLITION

DE L'ESCLAVAGE

DANS LES COLONIES FRANÇAISES.

PROPOSITION DE M. PASSY,

PRISE EN CONSIDÉRATION

PAR LA CHAMBRE DES DÉPUTÉS.

Extrait du Journal de Paris.

PARIS.

LOUIS RICHÉ, LIBRAIRE-ÉDITEUR,
PASSAGE DES PANORAMAS, GALERIE SAINT-MARC, N° 8.
1838.

ABOLITION

DE L'ESCLAVAGE.

— ◆ —

PROPOSITION DE M. PASSY,

PRISE EN CONSIDÉRATION PAR LA CHAMBRE DES DÉPUTÉS.

— ◆ —

Une expérience de la France.

La société française pour l'abolition de l'esclavage a cru pouvoir se poser entre le maître qui a le droit d'affranchir ses esclaves, et le Gouvernement qui, seul, a la force et la puissance de les affranchir pacifiquement. Cette société, sans avoir pour elle ni le droit, ni la force, ni la puissance d'exécution, s'est emparée de l'initiative d'une proposition qu'elle a fait prendre en considération par la Chambre des députés et qu'elle veut faire convertir en loi. En pareil cas, même un avortement entraîne de graves conséquences à sa suite. Aussi la proposition de M. Passy, pour demander l'affranchissement des enfans à naître dans les colonies françaises, nous paraît présenter des dangers que la discussion publique ne pourra qu'aggraver, quelle que soit d'ailleurs l'issue des débats.

L'abolition de l'esclavage dans nos colonies n'est pas une œuvre nouvelle, une œuvre qui n'ait jamais été tentée par la France et qui n'ait pas de jalons plantés dans le passé. On trouve dans notre histoire l'exemple d'une tentative déjà faite, et dont l'initiative fut également prise par une assemblée législative. En 1794, le 4 février (16 pluviôse an II), la Convention nationale déclara que l'esclavage des nègres était aboli dans toutes les colonies; elle décréta que tous les hommes, sans distinction de couleur, domiciliés dans les colonies, seraient à l'avenir des citoyens français, et qu'ils jouiraient de tous les droits assurés par la Constitution.

Ce décret fut mis à exécution à la Guadeloupe et à la Guiane française : la Martinique, attaquée et prise par les Anglais, n'eut pas à subir cette funeste expérience.

Les troubles continuels qui eurent lieu à la Guadeloupe, pendant la période révolutionnaire, empêchent de prendre cette île pour point de comparaison à établir entre les effets de l'esclavage des noirs et la conséquence de leur émancipation, en ce qui concerne la conservation des richesses créées et le maintien de l'ordre intérieur. A la Guiane française seulement, le Gouvernement eut sa liberté d'action.

Voici quels en ont été les résultats.

Pendant huit ans, tous les moyens furent employés à Cayenne pour *organiser la liberté*. Le citoyen Jeantet, neveu de Danton, chargé de cette difficile mission, par le gouvernement de la République, publia arrêtés sur arrêtés. Des instructions, des remontrances étaient journellement adressées par lui, tant aux autorités locales qu'aux anciens maîtres et aux nouveaux affranchis, afin d'assurer la liberté par le travail : tout resta sans effet.

Au mois de novembre 1798, le citoyen Jeantet, avoua son impuissance ; il fut rappelé en France et remplacé par Burnel, nouvel agent de la République. L'arrivée de ce commissaire fut signalée par les plus grands désordres. Huit jours après son installation, il adressa aux citoyens-cultivateurs une proclamation où nous remarquons le passage suivant :

« Quoi ! c'est dans Cayenne que vous êtes sortis de l'esclavage,
» c'est à la République que vous devez ce bienfait inappréciable,
» et déjà vous paraissez l'oublier ! *La culture est abandonnée, les
» propos les plus séditieux sont tenus, les ateliers sont désertés, des
» complots sont ourdis, la proscription générale des blancs est an-
» noncée !*

» Cultivateurs, je vous le déclare,

» **LE TRAVAIL ou LA MORT.** »

L'agent de la Convention nationale n'eût pas recours exclusivement aux menaces et à l'intimidation. Il publia de nouveaux réglemens du travail. Il augmenta le traitement des cultivateurs, en faisant à leur labeur une part aussi large que possible dans les exploitations agricoles que le gouvernement essaya de fonder. Un salaire fixe, considérable, des avantages de toute nature, furent accordés aux affranchis. Inutiles efforts ! ce n'étaient plus des hommes que ces noirs émancipés : c'étaient des bêtes féroces qu'on avait déchaînées.

Des crimes jusqu'alors inconnus à la Guiane française sont commis sur tous les points à la fois ; la population noire décroît ; elle est décimée par la disette et par d'affreuses épidémies. La liberté semble être un poison qu'on a inoculé dans les veines des nègres : et le 23 avril 1799 (4 floréan an 7), dans une nouvelle proclamation, l'agent Burnel est réduit à s'exprimer ainsi :

« Citoyens cultivateurs, nouveaux enfans de la liberté, jusqu'ici vous n'avez connu que la licence. De toutes parts, les plaintes les plus fondées de votre paresse, de votre turbulence, de votre esprit séditieux me sont portées. Plus de cent d'entre vous ont mérité par leurs excès *de subir la peine capitale.*

« Lorsque vous avez été convoqués pour l'exercice du plus beau de vos droits, les assemblées primaires se sont ressenties de l'esprit de vertige et de désordre qui vous caractérise. Les propriétaires, effrayés de votre conduite, osent à peine rester sur les habitations; les plantations les plus intéressantes dépérissent, et l'Européen, qui vient comme spéculateur apporter ses denrées, ne trouve aucun objet d'échange. »

La Convention nationale elle-même, lorsqu'elle acquit par les rapports de ses agens la triste conviction de l'inutilité de ses efforts pour organiser la liberté, pensa à revenir sur ce qu'elle avait fait. Comme elle, tous les gouvernemens qui se succédèrent, reconnurent la nécessité d'abandonner l'idée d'émanciper les noirs sans préalablement désintéresser le maître par l'indemnité, afin d'obtenir son concours; et sans avoir longuement à l'avance préparé les populations aux changemens qu'une transformation si radicale doit amener dans leurs mœurs et dans la législation qui les régit.

Après le 18 brumaire, Napoléon Bonaparte, non pas Napoléon empereur qui gouvernait la France en maître absolu, mais Bonaparte consul de la république française, rend un décret qui rétablit l'esclavage dans les colonies. Ce ne sont pas, cette fois, des citoyens Jeantet, et des agens Burnel, qui viendront réorganiser l'esclavage à Cayenne ; c'est Victor Hugues, l'ex-proconsul de la Guadeloupe, qui est nommé commissaire du gouvernement ; c'est entre ses mains de fer que la France a remis ses pouvoirs et ses droits de métropole.

On vit alors s'opérer un de ces phénomènes devant lesquels la raison humaine est obligée de s'effacer. Les noirs de Cayenne, repus de licence et de débordement, pendant ces huit années qu'ils venaient de passer en perpétuelles saturnales, reprirent tranquillement le chemin des habitations de leurs anciens maîtres ; ils retournèrent à leurs travaux primitifs, comme dégoûtés eux-mêmes du présent que leur avait fait la Convention nationale.

Les mêmes résultats furent obtenus à la Guadeloupe par Richepanse, et par cette intrépide légion de soldats des armées du Rhin, que le premier consul envoya pour rétablir dans cette île l'ordre intérieur, et pour y faire respecter le pavillon de France. Chose remarquable ! la Guadeloupe où les esclaves affranchis avaient tous été armés pour défendre la colonie contre l'ennemi du dehors ; la Guadeloupe, où chaque nègre fait soldat était entré dans la société coloniale par le baptême du feu, et où, par conséquent, le principe de fraternité et d'égalité avait reçu son application la plus étendue; la Guadeloupe, après le rétablissement de l'esclavage, n'a point éprouvé de perturbations intérieures ; elle a été moins agitée par ses esclaves, moins inquiétée des conséquences de l'esclavage, que la Martinique, sa voisine, qui fut préservée par la conquête étrangère des excès de 1793. C'est qu'à la Guadeloupe, comme à Cayenne, les noirs ont été convaincus que la liberté ne tient pas toutes ses promesses, ou du moins toutes les promesses que l'on fait en son nom.

La plus riche de nos colonies échappa, grâce à la rivalité jalouse et envieuse de l'Angleterre, grâce à la durée éphémère du traité d'Amiens, aux efforts de Napoléon pour remettre cette terre féconde, comme il avait replacé la Guiane et la Guadeloupe, sous le sceptre de l'intelligence et du travail. Le temps manqua à la France consulaire ; et Haïti est restée dans la possession des noirs, comme un témoignage vivant de la stérilité de toutes les tentatives qui seront faites pour civiliser la race nègre sans le concours et l'intervention de la race blanche ; non parce que celle-ci est race blanche, mais parce qu'elle possède seule les élémens d'organisation morale de la société et les capitaux nécessaires à l'exploitation du sol et à l'organisation du travail.

En vain quelques milliers d'hommes, les plus rapprochés de la race blanche, luttent, à Haïti, contre la stupide barbarie de la race noire ; en vain ont-ils essayé d'établir un gouvernement régulier qui n'est qu'une parodie des gouvernemens européens ; partout c'est la nature sauvage de l'Africain qui prédomine et qui s'avance menaçante dans l'avenir. Un jour viendra où la race de couleur devra subir les conséquences inévitables de son alliance avec la race noire. Déjà si nous devons en croire le récit de voyageurs intelligens et impartiaux, le christianisme s'efface à Haïti devant le fétichisme des Africains, et les temps s'approchent où les Haïtiens retourneront peut-être à leurs *joujoux* (1), après avoir oublié l'Evangile que nos pères leur ont appris. « La hutte du nègre Congo, dit le voyageur à qui nous empruntons ce tableau de la situation d'Haïti, a remplacé la maison de l'Européen civilisé; on voit sur sur cette terre, naguère si belle et si riche, des généraux et

____

(1) Nom que les nègres donnent à leurs dieux en Afrique.

des magistrats, pieds nuds, déguenillés, ne sachant ni lire ni écrire ; à Haïti, la misère commune est le seul élément de sécurité et l'unique abri contre le vol et le brigandage. »

A ces résultats obtenus de l'émancipation des noirs à Cayenne, à la Guadeloupe et à Saint-Domingue, on oppose les conditions dans lesquelles les expériences de liberté ont été faites dans ces colonies. Comment, objecte-t-on avec une apparence de raison, la France aurait-elle pu, de 1794 à 1800, rien organiser au dehors, puisqu'elle même elle ne pouvait réussir à s'organiser dans son intérieur ? Si la transformation du travail à Saint-Domingue n'a pas été plus productive, ajoute-t-on, c'est qu'elle a été violente ; c'est qu'elle a été le résultat de massacres et d'incendies : et laissant au passé ces exemples si peu favorables à la cause da la civilisation et de l'humauité, on s'appuie sur le présent ; on cite les succès de l'expérience anglaise qui se fait en ce moment, et dont on voudrait même devancer le terme.

Expérience de l'Angleterre.

C'est un spectacle certainement digne d'attention que celui qui sera offert au monde par l'Angleterre, le 1er août 1840 ; un grand peuple initiant à la fois à ses mœurs, à ses lois, à sa politique, à sa religion, une population de 800 mille nègres qui, la veille, étaient des esclaves, et dont il ne faut pas chercher bien loin le berceau, pour trouver des hommes encore au niveau de la brute, des hommes à genoux devant des dieux fétiches, des hommes rebelles à toutes les tentatives de civilisation qui ont été faites jusqu'ici en leur faveur. Ceux qui ont tant gémi sur les misères de la traite des noirs, pourraient, ce nous semble, jeter dans l'autre plateau de la balance cette conquête faite au profit du christianisme par le commerce des esclaves.

Ce n'est pas, il faut le dire, l'œuvre d'un jour que l'émancipation anglaise ; ce n'est pas un impromptu sorti de l'esprit brouillon de quelques philantropes de salon : c'est une œuvre de longue haleine, c'est une vaste pensée qui s'est accomplie lentement, et qui va toucher bientôt au but.

En 1780, le cri d'abolition fut proféré pour la première fois, en Angleterre, contre la traite des noirs. En 1784, les colonies de la Grande-Bretagne commencèrent à se mettre en garde contre les conséquences que cette mesure devait avoir. Elles obtinrent de leur métropole le *consolidated slave-act*, c'est-à-dire une loi qui consolidait leur droit de posséder des esclaves. En 1788, le grand

ministre Pitt parla dans le parlement de la suppression de la traite ; il trouva à cette époque une vive opposition. Cette opposition n'avait rien perdu de sa force en 1796, car Wilberforce fit une seconde fois sa motion d'abolition définitive du commerce des esclaves, et il n'obtint même pas les 19 voix qui avaient voté avec lui sur la même question, en 1792, lorsqu'il hasarda une première proposition de ce genre. Ce fut seulement le 10 juin 1806 que la chambre des communes décréta le principe d'abolition. Le 6 février 1807, la *résolution* fut convertie en loi, qui fixait au 1er janvier 1808 l'époque où la traite des noirs serait défendue dans toute l'étendue des possessions britanniques.

Ainsi, de 1780 à 1808, un espace de vingt-huit ans est consacré à jeter les bases d'une future émancipation des esclaves que la traite a amenés aux colonies. Ces deux actes, l'abolition de la traite et celle de l'esclavage, étaient la conséquence naturelle l'un de l'autre.

Quinze ans après, et neuf ans après la paix générale, en mai 1823, le parlement anglais adopta, par une résolution prise presque à l'unanimité, la devise de Canning : *Liberté civile et religieuse dans les deux mondes.* Dès-lors les colons se tinrent pour prévenus. Ils se préparèrent à la transformation que leur propriété allait subir ; le gouvernement, de son côté, s'occupa des mesures à prendre pour arriver à une solution pacifique et profitable de ce difficile problème. Et lorsque dix années plus tard, le parlement réformé, un mandat impératif à la main, vint demander compte au cabinet du vote de la Chambre de 1823, le ministère anglais, qui avait tout *préparé en silence*, se trouva prêt ; il proposa le bill du 15 août 1833, qui devait avoir son exécution le 1er août 1834. Même à cette dernière époque, la liberté n'a pas été définitive ; sept ans d'apprentissage ont été imposés au noir libéré ; il a dû travailler encore au profit du maître, quoique celui-ci fût désintéressé par l'indemnité.

Et pourtant, combien d'efforts avaient été faits par le gouvernement anglais pour rendre inutile cette halte de ses noirs dans les limbes de la liberté ! Il n'est pas une petite île de la domination britannique qui n'ait eu sa presse libre, son journal, et même ses journaux non censurés ; qui n'ait eu sa législature locale et des législateurs librement élus, dont les décrets ont toujours été respectés. Au moyen de leur presse libre et des pouvoirs dont jouissaient leurs assemblées, les colons anglais ont pu entrer en lutte avec leurs adversaires de la métropole ; ils ont pu empêcher l'erreur et la calomnie de jeter dans le débat le poids de leurs armes. Ils ont pu avoir des journaux à eux, des feuilles publiques payées par eux, et exclusivement destinées à leur défense. La tribune de la chambre des lords et celle de la chambre des communes retentirent également de paroles éloquentes prononcées pour la défense des Anglais d'outre-mer.

Les noirs entendirent souvent parler de cette liberté qu'on devait un jour leur donner ; ils comprirent que ce n'était plus pour l'Angleterre qu'une question de temps , et que les maîtres eux-mêmes ne luttaient que pour fixer le chiffre de l'indemnité , indemnité que le nègre trouva juste , contrairement à l'opinion de ses soi-disant amis. Aussi le rôle des esclaves anglais fut-il passif pendant les dix années consacrées à des discussions préliminaires entre les maîtres et le gouvernement. S'il y eut de graves désordres dans quelques colonies, c'est parce que , à l'encontre de l'avis de Canning , les hommes du parti anti-colonial voulurent intervenir , et donner à la marche des événemens cette énergique impulsion extérieure que l'on recommande aujourd'hui en France. Les fruits de cette intervention des agens de la société anglaise pour l'abolition de l'esclavage ont été — la révolte de Démérari où le révérend Smith , condamné à mort comme fauteur de l'insurrection, mourut dans les geôles de la ville avant que sa grâce n'arrivât d'Angleterre ; — les incendies d'Antigue, où les esclaves protestèrent par de terribles excès contre la mesure religieuse qui substituait le samedi au dimanche pour le jour de leur marché ; — les désordres de la Jamaïque, qui pouvaient avoir de si sanglantes conséquences sans l'énergie du gouverneur lord Belmore ; — enfin la destruction et la démolition complète des temples des prêtres méthodistes par les habitans de la Barbade ; toutes ces perturbations, plus ou moins funestes, plus ou moins considérables, justifièrent les prédictions du premier ministre d'Angleterre , d'autant plus que partout où l'action du gouvernement a prédominé , partout où l'*impulsion extérieure a été moins énergique*, l'ordre a régné.

Quiconque, à ces différentes époques, eût visité les colonies anglaises, aurait vu que l'esclavage n'y existait plus que par la honte du mot. L'intelligence des noirs, développée par l'instruction religieuse, leur avait donné déjà des notions exactes du juste et de l'injuste ; elle leur avait appris que, dans la société organisée, tous doivent obéissance à la loi ; ils savaient déjà que par le travail seul ils obtiendraient les produits que la métropole échange contre les beaux vêtemens dont ils aiment à se couvrir, contre ces beaux colliers dont ils aiment à orner le cou de leur femme ou de leurs filles, et contre ces élégans mouchoirs-madras dont celles-ci se parent avec tant de plaisir aux jours de fête et de chômage. Aussi, il faut le dire, la liberté serait une plante de bien difficile culture , si elle ne devait pas porter de bons fruits dans les îles anglaises, en

1840, après tous les efforts de l'Angleterre et toutes les précautions qu'elle a prises.

Cependant, lorsqu'il s'agit d'en finir avec cette question d'émancipation, voyez quelles précautions va prendre encore le gouvernement anglais ! — Cinq cent millions de francs sont votés pour désintéresser le maître ; — des commissions d'enquête sont envoyées aux colonies pour constater la valeur moyenne des noirs, pendant les dix dernières années ; — le maître désintéressé aide à l'exécution de ces importans travaux ; tout est réglé et payé en moins de temps que notre Chambre des députés n'en a mis à faire son enquête sur les tabacs ! — Les sommes que cette indemnité, si promptement réalisée, verse dans les caisses des colonies, ravivent le commerce local, animent l'industrie, et fournissent aux colons les moyens de substituer, comme stimulant du travail, le salaire à la coërcition.

En même temps les mesures les plus énergiques sont prises par la métropole pour assurer la sécurité des personnes dans les colonies. Partout les garnisons sont augmentées ; au lieu de cinq régimens, la Jamaïque en a six, et pour cette seule colonie, une augmentation d'un million cinq cent mille francs par an, figure au budget du royaume ; la police civile, comme la police militaire, reçoit un accroissement considérable ; une nombreuse magistrature spéciale est organisée ; elle dispose, pour forcer l'apprenti au travail, des moyens coërcitifs dont le maître disposait au temps de l'esclavage ; des missionnaires de paix sont envoyés sur les habitations ; ils exhortent les nouveaux affranchis à la pratique des devoirs sociaux ; ils leur prêchent l'ordre et l'obéissance aux lois, pendant que la *loi martiale*, toujours menaçante, tient en respect l'émeute et la rébellion.

Les résultats obtenus jusqu'à ce jour par l'Angleterre sont-ils satisfaisans, sont-ils en proportion des sacrifices qu'elle a faits ? Une statistique, dont il a été donné communication à la société pour l'abolition de l'esclavage, constate que cinq cent mille coups de fouet ont été donnés aux apprentis dans les vingt-deux premiers mois de l'apprentissage, sans énumérer les châtimens non corporels. Il est prouvé, par tous les documens qui ont été publiés, que les crimes contre la propriété se sont multipliés dans une effrayante proportion. Sur près de deux cents condamnés, dont les noms figurent dans les dernières gazettes de la Jamaïque et de la Barbade, un tiers et plus sont coupables de vols avec effraction ! Si l'on compare le nombre des crimes commis avec le chiffre de population de ces deux îles, on est effrayé de leur avenir, lorsque la liberté sera définitive.

On a dit, on a imprimé que les récoltes avaient été aussi abondantes, dans les colonies anglaises, en 1835 qu'en 1834, en 1836 qu'en 1835. A l'excep^ion des anciennes possessions hollandaises, Démérari et Berbice, toutes les colonies anglaises ont au contraire moins produit en 1834 qu'en 1835. Nous avons les chiffres officiels sous les yeux ; et Antigue, dont il a été tant parlé dans notre chambre des députés, Antigue qui avait livré à sa métropole 257 mille quintaux de sucre brut, récolte de 1834, n'a importé en Angleterre que 174 mille quintaux provenant de sa récolte 1835.

Que l'on ne dise donc pas que l'intérêt des colons, et surtout la sécurité de leurs personnes, veulent que l'esclavage soit aboli ; l'expérience française de 1794 à 1801, et l'expérience anglaise de 1834 à 1840, ne peuvent ni ne pourront le démontrer. Les habitans des colonies prévoient que leur fortune sera anéantie et que leurs personnes seront constamment menacées. Et comme ils savent aussi que l'heure de l'affranchissement des noirs a sonné, que cette terrible expérience va encore une fois être faite chez eux, peut-on les blâmer d'insister sur une demande d'indemnité préalable, et de vouloir qu'au moins la tentative ne soit pas faite tout entière à leurs dépens ?

Notre gouvernement est-il prêt ? Les colonies françaises n'offrent-elles pas dans leur situation actuelle des obstacles à l'affranchissement des esclaves, obstacles qui ne se rencontraient pas en 1834 dans les îles anglaises ? Les préjugés de castes n'y sont-ils pas plus vivaces, les haines plus profondes, que dans les possessions de la Grande-Bretagne ?

Situation actuelle des colonies françaises.

Il ne faudrait pas conclure de l'insuccès de l'expérience française à Cayenne, et des épouvantables résultats que cette expérience a eus à Saint-Domingue, pas plus qu'il ne faut conclure des inquiétudes que l'on conçoit sur les conséquences de l'expérience de l'Angleterre dans ses colonies, que l'esclavage des noirs ne puisse jamais être aboli. Cayenne, comme Saint-Domingue, peut rejeter la faute des excès de ses noirs sur l'influence et sur les impulsions qu'elle recevait de la France révolutionnaire, de cette France qui fit elle-même un si effroyable abus du régime de liberté. En ce qui concerne les colonies anglaises, on peut dire que les difficultés que rencontre l'organisation du travail libre, sont la conséquence de dispositions vicieuses du système de l'apprentissage, système qui n'étant plus l'esclavage, n'est pas encore la liberté, où le noir est contraint et forcé au travail, alors que le droit de coërcition est retiré au maître. Aussi les hommes d'état d'Angleterre, et parmi eux lord Brougham principalement, qui ont eu foi dans la transformation productive et avantageuse du travail esclave en travail libre et salarié, craignant que les médiocres résultats obtenus aujourd'hui de l'apprentissage ne donnent plus tard un démenti à leur prévisions, s'empressent d'accuser ce système mixte des mécomptes qui se présentent. Ils demandent que l'heure de l'émancipation complète, totale et définitive des noirs anglais soit avancée au 1er août 1838, au lieu du 1er août 1840.

On n'oserait affirmer, nous le répétons, que l'affranchissement des noirs soit chose impossible; mais ce qu'il est permis de croire, c'est qu'aucun système n'est praticable, c'est qu'aucune mesure ne sera bonne et effective, si elle n'a pour base une indemnité satisfaisante, qui désintéressera le maître; si dans son exécution, elle n'est pas en harmonie avec les mœurs et les usages de la colonie où elle s'appliquera; si elle n'est accompagnée de toutes les garanties que lui donneront l'initiative et l'action du Gouvernement aidées du concours des planteurs : car personne ne veut probablement que la liberté des noirs, proclamée dans nos colonies, n'y soit qu'un placard affiché au coin de la rue.

En 1808, la traite des noirs avait complètement cessé dans les îles anglaises : en 1814 et 1815, la France faisait encore légalement le commerce des esclaves. Jusqu'en 1830, ce commerce, non permis par la loi, a été, pourquoi ne pas le dire? toléré par le gouvernement de la Restauration. Ainsi de 1808 à 1833, pendant un quart de siècle, les noirs anglais ont pu être façonnés à la civilisation et à la liberté; ils ont été préparés à la jouissance des droits qui leur seront conférés en 1840.

Dans nos colonies, au contraire, la révolution de 1830, a trouvé les distinctions de castes existant encore dans la condition libre; elle a trouvé les esclaves sans instruction morale ou religieuse, un grand nombre d'entr'eux à peine dépouillés du pagne qui leur servait de vêtement sur la terre d'Afrique. Point de presse libre, point de législature locale; aucun des avant-coureurs de la liberté n'avait préparé ces populations même aux premiers effets que devait produire sur elles la nouvelle d'événemens comme ceux de Juillet.

Aussi cette révolution a été mal comprise par les esclaves, et leur a fait confondre leur situation que personne ne leur a encore expliquée, avec celle du peuple en France qu'ils ne connaissent pas. Les nègres crurent que les mêmes moyens les mèneraient à la même fin. Ceux de la Martinique se révoltèrent, ils incendièrent quelques plantations; mais la force armée les fit rentrer dans l'ordre.

Les personnes qui ont reproché au Gouvernement de n'avoir rien préparé depuis 1830, parce qu'il a tout préparé en silence, n'ont qu'à comparer la situation politique des colonies françaises, à cette époque, avec l'état actuel de ces établissemens. Les hommes de couleur ont été admis sans transition, sans *apprentissage*, à la jouissance immédiate des droits civils et politiques ; la condition libre tout entière ne fait plus qu'une seule classe sur laquelle la loi a passé le niveau de l'égalité la plus complète. L'homme de couleur qui, en 1830, ne pouvait être qu'un ouvrier, à qui sa position sociale interdisait de sortir des limites des arts mécaniques, est aujourd'hui juré, membre du conseil municipal, législateur, membre du conseil colonial, etc. ; toutes les carrières lui sont ouvertes dans toute leur latitude.

En ce qui concerne les esclaves et leur affranchissement, le Gouvernement a levé les entraves que les exigences du fisc et les formalités administratives mettaient à la bonne volonté des maîtres, et à l'exercice du droit de rachat que le noir n'a jamais invoqué en vain, quoi que ce droit ne soit pas écrit dans la loi. Le 14 février 1838, le *Moniteur* a constaté que trente-deux mille esclaves des colonies ont été affranchis depuis 1830 ; ils ont été initiés à la vie civile et à la vie politique, sans frais pour l'Etat, et sans indemnité à donner aux maîtres. Il en resulte que déjà dans ces colonies, le nombre d'individus qui font partie de la condition libre est au niveau de celui des esclaves. La generosité des maîtres a la plus grande part à réclamer, tant dans la concession des titres nouveaux, que dans la régularisation des titres anciens. Chaque jour de sa publication, le journal officiel de chacune de nos îles, enregistre de nouvelles déclarations d'affranchissemens toujours gratuitement accordés par les maîtres, ou bien obtenus par les esclaves eux-mêmes, au moyen d'un pécule qu'ils ont pu amasser dans les heures de liberté que leur a laissées le travail du maître.

Les Colons se sont prêtés de bonne grâce à tout ce que l'on a exigé d'eux. L'émancipation politique de la classe de couleur a-t-elle, cependant, porté de bons fruits ? il est permis d'en douter. Loin d'avoir fait de grands pas vers le perfectionnement moral, les nouveaux citoyens semblent ne vouloir user de leurs droits que pour chercher à retenir dans la dégradation ceux de leur communauté qui tiennent à prendre un rang dans cette société où ils ont été si libéralement admis. Rebelles aux lois et aux institutions du pays, les ouvriers de la Martinique désertent leur patrie pour ne pas obéir à de simples réglemens d'ordre et de police ! Dans le perfectionnement matériel, le mécompte est encore plus évident : le paupérisme, la mendicité, le vagabondage, ces lèpres incurables de la société européenne, ont paru dans les colonies depuis 1830.

Pour l'amélioration du sort des nègres, pour resserrer les liens qui unissent l'esclave au maître, que n'ont pas fait les colons? Ont-ils reculé devant aucun sacrifice pour moraliser leurs noirs, pour leur donner l'instruction religieuse, et pour lutter avec succès contre la force désorganisatrice qui pousse, en Europe, à la perte des colonies? Loin de là ; ils ont essayé, dans le but de favoriser les unions légitimes, tous les stimulans qui d'ordinaire ont le plus d'action sur les hommes ; des récompenses pécuniaires ont été offertes, et des priviléges sur l'habitation ont été promis aux familles qui se constitueraient légitimement.

En présence de tant d'efforts, de tant de concessions, il était permis de croire que le temps, et même un temps beaucoup plus rapproché qu'on ne pense, se chargerait seul de faire arriver les noirs, sans secousse, sans charge pour l'état, à une transformation sociale que tout le monde désirera, si elle ne doit froisser aucun intérêt, et à laquelle chacun, alors, voudra contribuer dans sa sphère d'action. On pouvait prendre exemple sur la marche de la civilisation européenne elle-même, et consulter d'autres expériences qui ont été faites sur des races beaucoup plus perfectibles que la race africaine. Et il eut été démontré que l'intervention des théories libérales dans les questions de cette nature a été partout le signal d'excès et de perturbations graves. Peut-être la chambre des députés elle-même eût-elle compris enfin le danger de son droit d'initiative, lorsqu'il s'agit d'émanciper les noirs des colonies françaises ; le danger surtout de cette initiative, lorsqu'elle part de ceux de ses membres qui font partie en même temps de la Société pour l'abolition de l'esclavage. Aux yeux des Colons (et chez eux cette conviction est arrêtée), rien ne peut venir de cette société qui ne soit pour eux l'avant-coureur du chaos et de l'anéantissement des richesses qu'ils ont créées avec le secours des capitaux de la métropole.

Sept bureaux sur neuf ont choisi pour commissaires les hommes que l'on sait les plus hostiles à l'intérêt des propriétaires des colonies : la commission nommée pour examiner la proposition de M. Passy n'a pas reculé devant l'œuvre que la Chambre des députés lui a confiée. S'agirait-il donc aujourd'hui d'aller plus vite que le temps et de devancer même l'Angleterre, qui s'est mise en route beaucoup plus tôt que nous? S'agirait-il d'aborder et de résoudre, dans quelques séances de la Chambre, le plus difficile problème qu'il soit donné certaine ment à des législateurs d'aborder et de resoudre ?

Indemnité préalable et satisfaisante pour le maître, — instruction du nègre pendant beaucoup d'années encore, — amélioration constante de son sort matériel, — initiation d'esclaves, qui la plupart encore étaient à l'état sauvage en 1830, aux besoins et même au luxe de l'état de société ; — telles sont les bases absolues de toute émancipation que l'on voudra rendre profitable aux intérêts de l'humanité, en même temps que l'on conservera à l'agriculture coloniale, moyennant salaire, les instrumens humains dont elle a besoin pour son exploitation. Car, à ces conditions seuls, maîtres et esclaves s'entendront ensemble ; aucune intervention, quelle qu'elle soit, ne peut suppléer leur accord.

Au lieu de cela, si on a recours à des mesures partielles ; si on emploie des moyens qui rendent la liberté facile par la débauche, par le vol ou par la fuite à l'étranger ; si M. Passy peut désorganiser la famille en plaçant des enfans dans la condition libre à côté de leur père et mère, de leurs frères et sœurs restés dans l'esclavage ; et surtout si les colons ont à obéir à l'initiative de ceux qu'ils considèrent comme leurs adversaires, comme leurs ennemis, il est permis de tout craindre pour l'avenir du travail dans nos possessions d'outre mer, et parconséquent pour la conservation des capitaux que le commerce maritime de la France a prêtés à l'industrie coloniale.

On assure que la commission ne discute même pas la proposition de M. Passy, laquelle n'a trouvé d'appui nulle part, et dont l'auteur lui-même a presque fait abandon, lorsqu'il l'a développée à la tribune. La commission voudra-t-elle mettre initiative sur initiative, et formuler à son tour son projet d'émancipation ? S'il est une question où il soit difficile à une commission, quels qu'en soient les membres, quels que soient les renseignemens qu'elle ait recueillis, de substituer utilement son impulsion et son action personnelle à l'action du gouvernement, c'est certainement celle qui a pour but d'introduire un changement si radical dans les mœurs et dans la législation d'une société ; celle où la moindre erreur, le moindre écart, peuvent entraîner les plus graves conséquences ; où les intérêts de notre marine, de notre commerce et la fortune d'un grand nombre de nos concitoyens sont exposés à d'immenses bouleversemens.

Il y a donc lieu de croire que la commission comprendra, et qu'elle fera comprendre à la Chambre des députés, que le Gouvernement n'est pas encore prêt ; que malgré tous les efforts qu'il a faits depuis 1830, le Gouvernement n'a pu être prêt, ainsi que l'a déclaré M. le président du conseil, dont l'opinion et les sympathies en matière d'affranchissement des noirs ne peuvent être suspectées. Alors pourquoi la Chambre, si sa détermination d'abolir d'esclavage est irrévocable, ne repousserait-elle pas la proposition de M. Passy, ou bien le projet de le commission, par un ordre du jour motivé qui serait pour le ministère un mandat pour ainsi dire impératif, d'avoir à présenter un projet d'émancipation lorsque l'opportunité sera bien démontrée au Gouvernement par des enquêtes, par des commissions envoyées sur les lieux, par tous les moyens dont dispose le ministère de la marine et des colonies ; enfin lorsque les renseignemens déjà recueillis sur le système d'émancipation essayé par l'Angleterre auront été complétés ? Tout le monde alors serait averti ; les colons eux-mêmes devraient se préparer à l'avenir qu'on leur destine ; et l'on travaillerait au moins à une œuvre sociale et philantropique là où nous ne voyons encore qu'une lutte contre le Pouvoir, qu'un embarras que l'on cherche à susciter au Gouvernement, sans prévoir les catastrophes qui peuvent en être la conséquence.

THÉODORE LECHEVALIER.

IMP. DE D'URTUBIE ET WORMS, RUE SAINT-PIERRE-MONTMARTRE, 17.

9 782329 629018